E. DUCLAUX

Membre de l'Institut

PROPOS D'UN SOLITAIRE

II

LES CONSEILS DE GUERRE

Prix : **50** Centimes

PARIS

AU SIÈGE DE LA LIGUE FRANÇAISE
A DÉFENSE DES DROITS DE L'HOMME ET DU CITOYEN
1, rue Jacob.

1899

E. DUCLAUX

Membre de l'Institut

PROPOS D'UN SOLITAIRE

II

LES CONSEILS DE GUERRE

PARIS

AU SIÈGE DE LA LIGUE FRANÇAISE
POUR LA DÉFENSE DES DROITS DE L'HOMME ET DU CITOYEN

1, rue Jacob.

1899

*Ces articles ont paru dans le Journal « le Siècle »
en septembre 1899.*

PROPOS D'UN SOLITAIRE

I

L'expérience n'a pas réussi. On avait voulu fournir galamment à l'armée les moyens de réparer une erreur évidente, qui était de son fait. La famille Dreyfus avait réclamé son intervention, sûre en cela qu'elle était d'accord avec le séquestré de l'île du Diable. La Cour de cassation s'était rendue à ce vœu, et après une longue enquête, faite sous les aboiements de ceux qui la redoutaient, elle avait pu dire à l'armée : « Nous ne cherchons pas de preuves en dehors de la France, parce que nous savons que vous ne les aimez pas, et peut-être refuseriez-vous d'en faire état. Mais, en nous bornant à ce qui est sorti de chez nous, ne vous

apparaît-il pas que le bordereau est d'Esterhazy? C'est son style, c'est son écriture, c'est
son papier, et il avoue! Consentez à vous
rendre à ces preuves de sens commun, et dites-
le tout haut; nous ne vous demandons pas
autre chose. » — Dieu nous en garde! ont dit
cinq membres du conseil de guerre sur sept.
Tout cela est trop simple! il nous suffit, pour
asseoir notre conviction, que Dreyfus, en
contrefaisant son écriture, ait *pu* écrire le
bordereau.

> Si ce n'est lui, c'est donc son frère...
> ..... ou bien quelqu'un des siens
> Car vous ne m'épargnez guère
> Vous, vos bergers et vos chiens,
> On me l'a dit, il faut que je me venge!...

Et c'est ainsi que la fable du Loup et de
l'Agneau en est venue à symboliser la logique
et la justice du conseil de guerre.

Je ne sais à quel vertige a obéi ce conseil?
Ces allures hautaines, cassantes, irrespec-
tueuses des droits du prévenu, se compren-
draient, à la rigueur, d'un tribunal irrépro-

chable. Mais, vraiment, quand on a dans son
passé, et dans cette même affaire Dreyfus, un
Conseil dont le président est obligé d'avouer,
et avec combien de réticences? qu'il a trans-
gressé la loi au détriment de l'accusé ; quand on
a un second Conseil acquittant Esterhazy haut la
main ; quand on n'a à étaler, comme officiers
de police judiciaire, que les noms de du Paty,
de Pellieux, d'Ormescheville, Ravary, Carrière,
franchement, on pourrait être plus modeste.

Que gagne-t-on à témoigner, dans une affaire
aussi retentissante, de cette superbe confiance
en soi, d'un dédain si complet des lois de la
logique. On y gagne que le public (je parle de
celui qui réfléchit, et non de celui qui est
gobeur), le public se demande : Qu'est-ce donc
que cette juridiction militaire, et pourquoi
persiste-t-elle alors qu'il n'y a plus de juridiction ecclésiastique, ni de justices seigneuriales?

De la question à la réponse, il n'y a qu'un
pas pour beaucoup de bons esprits, qui me
semblent pourtant un peu prompts à conclure.
S'il fallait supprimer tout ce qui fonctionne
mal, ce serait un gâchis au milieu duquel

nous-mêmes, qui pourtant devons en avoir un peu l'expérience, ne nous reconnaîtrions pas. Étudions donc d'un peu plus près le fonctionnement des Conseils de guerre, et, pour voir les choses d'une façon concrète, examinons celui de Rennes dans son dernier jugement. Je laisse de côté tout ce qui est histoire, organisation et formes extérieures. Je ne vise même pas les circonstances de la cause. Je ne m'occupe que de ce qui, d'une manière générale, peut asseoir les convictions des juges. Juges, ils ne l'étaient pas hier ; ils ne le seront pas demain. Ils apportent par conséquent au Conseil un état de conscience professionnelle dont la répercussion sur les faits de la cause leur dictera leur jugement. Tâchons de scruter cet état de conscience : nous allons voir qu'il est fait de très nobles sentiments, devenus dangereux parce qu'ils se sont figés dans des mots, et ont ainsi perdu le souvenir de leur origine.

II

Des sentiments qu'un officier de l'armée doit faire asseoir avec lui dans son fauteuil de juge, je prends d'abord le plus noble : le souci de l'intérêt du pays. Ne croyez pas qu'il ait manqué chez les juges de Rennes. Ne croyez même pas qu'il ait été tout à fait absent dans cette meute hurlante qui s'est attachée aux pas du capitaine Dreyfus, parmi ces camarades et ces anciens amis qui, sans y être invités, se sont faits ses délateurs en interprétant contre lui ses moindres confidences. Cette louche et hideuse besogne de Judas Iscariote, ils ne l'ont sûrement pas tous entreprise uniquement par haine, pour l'accusé ou pour avoir de l'avancement. Au fond de la pensée des meilleurs d'entre eux, à la surface de celle des autres, il y avait la pensée de rendre service au pays.

Service au pays ! voilà la source pure. Mais combien elle est exposée, comme toutes les sources pures, à se contaminer avant d'arriver à destination ! Pour montrer à quoi peut aboutir ce noble sentiment, même dans un esprit très généreux et d'ordinaire très droit, je n'ai qu'à raconter ici un petit entretien que j'ai eu, il y a plus d'un an, avec un officier supérieur, de mes amis.

C'était après le procès Zola, et comme je lui parlais de l'innocence probable de Dreyfus : « Peut-être, dit-il, l'accepterais-je comme homme ; mais, comme soldat, j'estime que la réhabilitation de cet officier, après qu'il a été dégradé devant les troupes, serait tellement dangereuse pour l'armée, et pour le pays que l'armée protège, que si je présidais (il en avait le droit) le conseil de guerre chargé de juger à nouveau Dreyfus, je n'hésiterais pas un instant, vous m'entendez-bien, à le renvoyer dans son île, quoi qu'on puisse me dire sur son compte !

— Mais, colonel, vous faites la théorie de l'assassinat !

— Comment, de l'assassinat ?

— Parfaitement. Jacques Clément et Ravail

lac n'ont pas raisonné autrement. Eux aussi étaient convaincus que la disparition d'un homme était nécessaire à ce qu'ils appelaient le bien du pays, qu'ils confondaient plus volontiers que vous, je le reconnais, avec leurs intérêts particuliers. Mais ils partaient du même principe que vous. Ils mettaient en balance la vie d'un homme et la raison d'Etat, ou ce qu'ils prenaient pour la raison d'Etat, et ils se décidaient contre l'homme pour l'Etat. Le raisonnement est dangereux, vous savez !

— Je conviens qu'il peut, quelquefois, conduire loin. Mais convenez à votre tour qu'il y a des cas où il s'impose, surtout dans le métier militaire. Si, dans une embuscade ou dans une bataille, la mort d'un homme peut m'en sauver dix, je sacrifie l'homme avec regret, mais sans scrupule. Comment ! Sur une barque trop chargée, où dix hommes vont périr, je n'aurais pas le droit de faire jeter à l'eau, pour en sauver neuf, le moins utile à tous, le petit mousse !

— Sauf à en conserver un peu pour le manger, lui dis-je en riant. Mais, colonel, vous sortez du sentier. Vous arguez de cas de force majeure. Il n'y a pas alors d'autre loi que celle du plus habile ou du plus fort. Mais il s'agit ici d'un acte et d'une juridiction du temps de paix, et la loi militaire, qui donne à l'accusé un avocat pour se défendre, vous ordonne impérieusement, à vous juge militaire, d'écouter ses moyens de défense. Vous avez le droit de les apprécier comme vous voudrez, mais non celui d'en faire fi d'avance, ou de vous décider avant la fin du procès. Surtout, ne nous laissez pas croire que cet appareil de justice est une comédie ou un leurre, sans quoi j'aurais le droit de vous appeler assassin.

... Je n'ai pas besoin de dire que mon colonel n'est pas le colonel Jouaust, et que l'histoire n'a pas été imaginée après les débats du conseil de Rennes. Je l'ai racontée, il y a plus d'un an, comme une curiosité, à mon excellent et noble ami M. Trarieux. Aujourd'hui, mon colonel ne me semble plus être une exception, et je le cite comme exemple de la déformation que peut subir, quand on ne la surveille pas, une idée noble et juste. Le patriotisme exaspéré de mon colonel lui avait fait oublier qu'aucune raison d'Etat ne peut empêcher une cour de justice d'être juste.

III

Au-dessous de l'intérêt du pays, dans l'ordre de leur noblesse relative, je trouve l'honneur de l'armée parmi les bons sentiments dont peut faire état un conseil de guerre. Je ne suis pas, en effet, de ceux qui disent : « L'honneur de l'armée, mais il se confond avec l'honneur du pays ! En quoi est-il distinct de l'honneur de l'Enregistrement ou de celui de l'Université ? »

C'est jouer sur les mots que de parler ainsi. Le mot commun d'honneur est appliqué à des mélanges très divers, dans lesquels, je le veux bien, entrent des ingrédients communs, mais aussi des éléments fort variables suivant les époques, les peuples, les communautés et

même les individus. Sur le chapitre femmes,
par exemple, il est certain que l'honneur de
l'armée n'est pas le même que celui du clergé,
que ni officiers ni soldats ne sont des sémina-
ristes, et même, sous ce point de vue, s'il faut
en croire certaine note ministérielle au sujet
d'Esterhazy, les « usages ordinaires de l'armée » comporteraient d'étranges choses. Mais
ce qu'on se donne de licences d'un côté, on
se le retranche d'ordinaire de l'autre, et cha-
que corps d'état s'est fait un groupe de règles
de conduite, toutes nobles parce que toutes
elles exigent un sacrifice de l'individu, et à
l'observation desquelles il attache une idée
d'honneur. Celles auxquelles l'armée reste
fidèle sont bien connues, et au lieu de la chi-
caner sur ce point, il vaut mieux prendre acte
de la forme particulière d'idéal qu'elle s'est
faite.

Mais ici encore, après avoir accordé la
beauté du principe, on peut discuter la beauté
des conséquences. Est-il à l'honneur de l'armée que sept officiers, pris au hasard dans
ses rangs, aient pu, après avoir commis par

ignorance la faute d'accueillir des pièces secrètes au premier conseil de guerre, garder si longtemps le silence sur ce point, lorsque son illégalité leur a été révélée, et qu'aucune conscience, sauf celle du capitaine Freystætter, ne se soit soulevée parmi eux. Je les avais déclarés incapables d'une pareille félonie dans mes premiers « Propos d'un solitaire ». J'ai eu une grande douleur à constater que je m'étais trompé.

Ils répondront sans doute que leur conviction était faite avant la production des pièces secrètes. Mais sait-on jamais de quoi ses convictions sont faites ? Et peuvent-ils répondre que si ces pièces avaient pu être discutées par l'accusé, ses réponses n'auraient pas ébranlé leur conviction ? D'ailleurs, au-dessus de tout, il y a la loi, et des juges n'ont pas le droit de commettre une illégalité. Cela même, de leur part, s'appelle une forfaiture.

Est-il aussi très à l'honneur de l'armée qu'à un certain moment (on me dit qu'il dure encore) il y ait eu une sorte de mise en quarantaine de tous les officiers qui n'étaient pas

nettement contre Dreyfus ; que, dans beaucoup de régiments, des officiers israélites aient
été contraints, en face de l'hostilité de leurs
camarades et de leurs chefs, de donner leur
démission. La loyauté, qui veut que personne
ne soit responsable des fautes d'un autre, la
générosité, qui défend de se mettre à deux
contre un, ne font-elles plus partie du patri-
moine d'honneur de l'armée ?

Je sais, pour avoir conservé dans leurs rangs
des amis, dont j'ai reçu les confidences, que
beaucoup d'officiers n'ont pas accepté sans
protestation ce mot d'ordre, qui était presque
un ordre. Mais ces protestations sont restées
muettes, et le public n'en a rien su. Il n'a
entendu et n'a vu agir que les plus exaltés,
dont il a pris le sentiment pour le sentiment
général. Dans ce public, d'un autre côté, les
modérés sont presque tous restés inertes, ne
levant les bras au ciel qu'à huis clos, et leur
concert timide a été largement dominé par la
voix des ardents et des convaincus, qui, se sen-
tant seuls en pleine bataille, y allaient de tous
leurs poumons. Etonnez-vous des malenten-

dus qui se sont produits dans ces conditions, des généralisations hasardeuses, des colères soulevées! Les mots d' « honneur de l'armée », jetés dans la mêlée, ont encore envenimé les choses. Combien il eût été plus sage de reconnaître tout de suite, des deux côtés, que l'honneur de l'armée n'était pas en jeu, qu'il n'y avait de compromis que l'honneur de quelques officiers, et qu'il était de l'honneur des autres, les plus nombreux, de l'honneur de l'armée par conséquent, de répudier toute compromission avec les coupables. Qui ne voit aujourd'hui que l'honneur de l'armée est attaché à la réhabilitation de Dreyfus et à l'aveu de l'erreur commise?

IV

J'entends dire que l'armée n'est pas encore de cet avis, et ne veut écouter aucune parole de sagesse et de prudence. Elle se dit attaquée, lésée, et menace, si on continue à la harceler, de se fâcher, et de montrer qu'elle est la force. De prétendus bons amis, qui aiment autre chose qu'elle, le lui conseillent tous les jours. Je prends avec respect la liberté de le lui déconseiller, et voici pourquoi.

C'est que, contrairement à ce qu'on croit, elle n'est pas la force. Une armée de prétoriens est une force. Elle est peu nombreuse, bien dévouée ou bien disciplinée, entièrement dans la main de ses chefs. Encore faut-il, au-dessus de ces chefs, une personnalité qui les efface. Mais en République, une armée par laquelle tout le monde passe, dont tous les officiers ne sont pas unanimes, où les sous-officiers ont moins de vingt-cinq ans et un peu d'indépendance, où les soldats, qui sont la nation, sont aussi divisés d'opinion que la nation elle-même, une telle armée est neutralisée par sa constitution pour quiconque tenterait de la faire sortir de son rôle, et de la mêler à la politique. Du moins, pour l'entraîner, il faudrait un long travail préparatoire ou un grand courant d'opinion que rien n'a encore révélés.

Et puis, il ne suffit pas de tailler ; il faut

coudre, comme disait une Reine qui s'y con-
naissait. Sur quel patron ? Pour qui le vête-
ment, ou plutôt pour qui la veste ? Une guerre
civile doit aboutir à autre chose qu'au désar-
roi de ceux qui l'ont faite. Elle exige même un
plan plus mûri qu'aucune autre, et tout plan
comporte un actif et un passif.

L'actif, je ne le vois pas, en dehors de l'as-
souvissement d'une colère factice. C'est une
singulière idée de croire qu'on va changer les
mœurs d'un pays parce qu'on aura changé
l'étiquette de son gouvernement. Ce ne sont
pas les institutions qui sont malades ; ce sont
les hommes. Quant au passif, il est évident.
Imagine-t-on que dans le monde, il n'y ait pas
de contre-partie à la force ? Il y a le droit. Si
solidement établi qu'on le suppose à l'origine,
le régime de la force n'est pas durable, et
revient fatalement au régime du droit.

Voyez plutôt l'Empire. Il a péri (au milieu
de quelles convulsions !) quand le régime du
droit a reparu, ramené par les intellectuels de
l'époque, que l'Empire affectait, lui aussi, de
dédaigner. Il ne faut jamais dédaigner l'intel-

ligence, il faut tâcher de l'amener de son côté.
Or vous ne l'avez pas. Vous avez la passion qui
aveugle et s'aveugle ; vous n'avez pas l'intelli-
gence qui raisonne et réfléchit. Et c'est dans
ces conditions que vous voudriez tenter un
coup d'Etat? Allons donc! convenez que s'il
réussissait, ce serait par faveur divine, car les
hommes n'auraient en rien aidé à son succès.

Et puis, messieurs les officiers, car c'est à
vous presque uniquement que ce petit discours
s'adresse, où en serions-nous si tout corps
d'Etat, toute corporation qui se croirait lésée,
en appelait aux armes, c'est-à-dire à ses
armes? Vous représentez-vous les médecins,
qui sont plus nombreux que vous, jurant de
se venger sur leurs malades des quolibets dont
on les poursuit dans la presse, au théâtre, dans
les conversations, un peu partout? Voyez-vous
les pacifiques pharmaciens dans le même état
d'âme? Et notez que ces médecins, ces pharmaciens ne sont pas des fonctionnaires, qu'ils
n'ont prêté aucun serment, tandis que vous
êtes, vous, des fonctionnaires de l'Etat.

Je sais bien que cette idée ne vous est pas

agréable, mais cela ne l'empêche pas d'être juste. Vous avez un rôle glorieux dans le pays, puisque vous présidez à sa défense matérielle ; mais vous n'êtes pas seuls à l'assurer, et nous vous payons pour diriger et coordonner nos efforts au moment décisif, comme nous payons un maître d'armes ou de boxe pour discipliner nos membres en vue de notre défense personnelle, comme nous payons nos professeurs pour discipliner notre esprit en vue d'une meilleure place dans la vie. Personne ne vous a sollicités à entrer dans la carrière : vous y êtes venus de plein gré, en acceptant ses avantages et ses charges. Si à un moment quelconque la compensation vous semble insuffisante, vous avez la même ressource que tous les autres fonctionnaires, celle de quitter le service de l'Etat. Mais vous n'en avez pas d'autre.

Et vous voyez bien qu'on ne saurait associer l'idée de l'honneur de l'armée à celle d'un coup de force, qui est contradictoire avec ce qu'il y a de plus élevé dans le mot d'honneur, de même qu'à ce qu'il y a de plus noble dans le mot d'armée. Laissez donc aux rares vio-

lents qui sont parmi vous la responsabilité de
ces rêves sanguinaires : vous vous montrerez
d'autant plus forts que vous écouterez davantage la voix de la raison.

V

Parmi les autres bons sentiments qui exis-
tent dans l'âme de tout officier, et qui, à raison
des circonstances, ont pu se dévoyer chez les
juges du conseil de guerre de Rennes, je
compte encore l'esprit de solidarité et l'esprit
de discipline. Je ne les confonds pas. Le premier existe entre tous les membres de la
famille, grands et petits ; le second tient
compte du grade. Le premier met en jeu les
plus nobles facultés de l'homme. L'autre lui
demande l'abdication de sa personnalité.

Le premier est donc d'essence supérieure,
mais par là il est plus difficile à manier. Il faut
tantôt le consulter, tantôt en faire abstraction,
et dans des circonstances en apparence iden-

tiques. Prenons un exemple. Vous avez à juger un soldat pour une insulte à un officier. Si cet officier a été insulté en tant qu'officier, dans l'exercice de son devoir et de son droit, la solidarité s'impose, en dehors de toute autre considération. Si l'officier est brutal, s'il vous apparaît qu'il a outrepassé ses droits, vous n'êtes pas solidaire de ses défauts d'homme, ou même éventuellement de ses vices, uniquement parce qu'il porte l'épaulette, et vous devez acquitter.

Je conviens que la distinction est parfois fort difficile à faire, qu'il vaudrait mieux que cette question de solidarité n'intervînt pas dans l'appareil de la justice, et comme je ne veux pas vous enlever ce sentiment, qui est noble et qui est une de vos forces, j'en conclus que vous ne devez pas être juges.

Entendons-nous bien ! je ne conclus pas à l'absolue suppression des conseils de guerre. Il est évident qu'il y a des moments troublés où, pour le salut commun, ils doivent être omnipotents. Ainsi, dans une guerre. Il est évident aussi qu'en temps de paix, il y a des

fautes dont des officiers doivent être seuls juges, et, pour me faire bien comprendre, per-
mettez-moi de prendre un exemple.

Voici les trois ou quatre mille employés
d'une grande maison, comme le Louvre ou le
Bon Marché. Ils acceptent en entrant un règle-
ment commun à tous, et, pour certaines fautes, une juridiction particulière et des péna-
lités pour lesquelles il existe un certain jeu.
Ces fautes sont relatives à l'exercice de la
profession. Mais pour toutes les autres, ils
restent justiciables des tribunaux civils ou
correctionnels. Pourquoi n'en serait-il pas de
même dans l'armée. Un Code militaire indi-
querait les fautes ressortissant de la juridiction militaire, et, par exemple, un soldat qui
refuserait obéissance serait assuré de compa-
raître devant ses chefs. Mais il y a des fautes
dont vous cesseriez de connaître, parce que,
sur certains points, vous êtes mal faits pour
être des juges, partagés par exemple que vous
êtes, ou que vous devriez être, entre votre solidarité avec l'accusé et votre solidarité avec ses
accusateurs.

Je sais bien qu'on vous accuse de ne pas hésiter d'ordinaire dans ce choix. Mais je sais bien aussi que vous n'allez pas toujours du côté où on vous pousse. Toutefois, de quel côté que penche votre esprit de solidarité, il reste, tant que vous êtes juges, un appoint redoutable.

Dans le dernier procès, on vous a assimilés, étourdiment à mon avis, à des jurés et à des juges. Est-ce que des jurés se sentent le moins du monde solidaires avec le ministère public ou avec l'accusé ? Est-ce qu'il n'en est pas de même pour les juges ? La loi veille avec un soin jaloux sur leur indépendance matérielle et morale, et si elle ne réussit pas toujours, ce n'est pas sa faute. Vous ne pouvez pas être aussi libres, et comme la liberté du juge est une des conditions primordiales de la justice, vous voyez bien que vous n'êtes ni des jurés ni des juges.

Mais vous êtes des officiers, mieux qualifiés que personne pour connaître de certaines fautes, de celles dont la répression doit être aux mains de qui doit se faire obéir. Bornez-vous à ce domaine dans lequel vous êtes forts. Abandonnez celui où vos qualités deviennent des défauts, et vos défauts un danger public. Ne voyez-vous pas que l'affaire Dreyfus ne serait pas née si elle n'avait pas été tout d'abord conduite par des militaires, et qu'amenée au premier conseil de guerre elle eût abouti à un acquittement, si les juges avaient mieux su la loi, ou s'il n'y avait pas eu un ministre les invitant à la violer ? Et c'est ici que je retrouve, pour terminer, l'esprit de discipline.

VI

L'esprit de solidarité oblige à un choix entre l'accusateur et l'accusé, et diminue la liberté du juge. L'esprit de discipline ne tient compte que du nombre des galons, et rend le juge esclave. Oh ! je sais bien qu'il y a eu de beaux livres écrits et de belles paroles dites à ce sujet. J'ai encore le souvenir d'une phrase admirable du président du Conseil de Rennes ;

mais que deviennent tous ces nobles sentiments dans l'application ?

J'ai aussi souvenir d'une autre scène de ce Conseil, racontée par le *Figaro*, de ces juges et des généraux accusateurs entrant au même moment par la même porte, et de ces juges s'effaçant le long de la muraille du couloir, la main au képi, pendant que les généraux entraient dans la salle. Et cette attitude était correcte, obligatoire. Mais comment voulez-vous que les juges se sentent dans la salle du Conseil au-dessus de ceux devant qui ils s'inclinaient tout à l'heure ? Comment voulez-vous qu'ils interrogent en juges des hommes dont leur sort peut dépendre ? Voyez-vous un préfet comparaissant devant un tribunal de gardes-champêtres, un évêque devant un tribunal de vicaires ou même de curés ?

La scène dont je parle comporte un autre enseignement. Ces généraux ne pouvaient-ils entrer par une autre porte, ou à un autre moment que les juges ? Le président ne pouvait-il pas s'assurer qu'ils étaient dans la salle avant de faire son entrée ? Non, ils étaient maîtres, et il ne leur a peut-être pas déplu de le rappeler au tribunal et au public. Mais que devient dans tout cela la justice ?

Disons le mot : L'esprit de discipline, dans ces conditions, est abominable, et c'est précisément parce qu'on a cru le voir reparaître dans le jugement, et se traduire par la compromission des circonstances atténuantes, que ce jugement a soulevé toutes les consciences droites et généreuses. Il se peut qu'on se soit trompé dans cette induction. Mais comme elle donnait bien la clef du procès, et cela dès ses origines ?

Qu'est-ce que nous y voyons en effet à son début, avant même que l'instruction ne fût terminée ? L'affirmation tranchante d'un chef, et de quel chef, du ministre de la guerre, que l'officier soupçonné était coupable. Le ministre n'en avait nulle preuve, comme on l'a vu depuis. Mais il avait parlé, et voilà l'officier devant ses juges. Là, les preuves apportées faiblissent ; on fait donner la vieille garde, les pièces secrètes ; nouvel acte d'autorité d'un côté, de faiblesse ou si vous voulez de discipline de l'autre : le tribunal condamne. Après avoir sommeillé, le procès se réveille. C'est en faisant appel à l'esprit de discipline qu'on fait à Esterhazy une garde défensive, et qu'on entraîne un second Conseil de guerre, qu'on trompe, dans les sentiers du premier, qu'on a trompé aussi. Quand Zola dénonce la situation, déjà claire à cette époque, c'est au nom de l'esprit de discipline qu'on excite l'armée. Enfin, quelle manifestation plus outrageante pour la majesté de la justice, que ces généraux paradant de leur grade au Conseil de Rennes, se faisant accusateurs, et usurpant sur un inférieur la conduite des débats ! Quoi de plus démoralisant que cet inférieur, désirant évidemment faire la lumière, mais n'osant pas, et cachant, derrière une brusquerie qui devenait parfois de la brutalité vis-à-vis de la défense, la douloureuse situation où il se trouvait d'être juge et de n'être pas indépendant.

Vous étiez tous prisonniers de quelque chose, juges de Rennes ! Et, à vrai dire, vous subissiez le sort commun, car aucun juge ne s'assied sur son siège l'âme vierge. Mais en

plus des passions, nobles ou vilaines, que
fouettent la conscience de l'homme, vous en
avez qui vous sont particulières, et qui, mau-
vaises par nature, ou facilement dévoyées quand
elles sont bonnes, font de vous des juges aussi
redoutables pour l'innocent que pour le coupable. C'est ce que, pour la première fois, le
public a bien vu. Le procès de Rennes n'a pas
été le procès de Dreyfus; il a été le procès de
la justice militaire, et contrairement aux appa-
rences, c'est la justice qui l'a perdu et Dreyfus
qui l'a gagné.

VII

La conclusion de tout ce que j'ai dit me
semble tirée d'avance : la justice militaire, qui
souffre des mêmes maux que les tribunaux
ecclésiastiques d'autrefois, doit subir la même
réforme qu'eux. Pour toutes leurs fautes disci-
plinaires, les prêtres et religieux relèvent
d'une juridiction spéciale, librement acceptée.

Pour toutes les autres, ils sont justiciables des tribunaux civils et correctionnels. Et cette réforme, qui a soulevé des tempêtes, n'a aujourd'hui contre elle que ceux qui, ayant besoin d'indulgence, pensent qu'ils en trouveraient davantage devant des tribunaux de leur ordre. Ceux-là ne sont pas plus à consulter dans l'armée que dans le clergé, et sitôt qu'elle sera faite, la réforme de la justice militaire ne soulèvera aucune objection valable.

Je me trompe, on lui reprochera toujours, comme à l'autre, d'avoir été demandée et faite par des civils. Mais que voulez-vous ? L'armée, et par l'armée j'entends le commandement à tous les degrés, ne paraît pas s'être doutée de la transformation profonde qu'elle a subi le jour où tous les citoyens ont dû en faire partie. Elle a suivi les mêmes errements et appliqué le même Code. Pour les officiers, il est vrai, la situation n'avait guère changé. L'armée était et est encore pour eux une carrière, librement choisie, et quand on leur en signale quelque défaut, quand on leur dit, par exemple, qu'ils peuvent souffrir eux-mêmes de l'incompétence ou de l'ignorance de leurs tribunaux militaires, ils ont le droit de répondre qu'il leur plaît d'être battus, comme la femme de Sganarelle. Mais nous et nos enfants, nous n'entrons pas dans l'armée par choix : nous y entrons par devoir et parce que c'est la loi, et nous avons le droit d'y être accompagnés, pour tout ce qui n'est pas discipline et question de service, des mêmes garanties que dans la vie civile. Et cette requête est tellement logique et tellement naturelle que je défie bien qu'on la rejette, maintenant que le procès Dreyfus lui a donné une place dans les préoccupations de tous.

Que l'armée fasse elle-même cette réforme, et toutes celles que commande l'arrivée de tous les citoyens sous le drapeau, et nous autres, civils, pékins, n'aurons aucune raison de mettre le nez dans ses affaires. Mais tant que nous verrons le haut commandement atteint de l'esprit de vertige, d'erreur et de mensonge qui a fait le procès Dreyfus, tant que nous verrons l'armée se solidariser avec ses chefs, et les suivre dans leurs voies, quelles qu'elles soient, nous aurons le droit de nous inquiéter pour elle, et pour nous, car nous pouvons avoir besoin d'elle. Mais il ne faut pas qu'elle oublie, de son côté, qu'elle a besoin de nous, qu'elle a besoin de notre argent et de nos enfants, et que, le cas échéant, nous pourrions lui refuser l'un et les autres. Les pères refuseraient l'argent et les enfants se refuseraient eux-mêmes. Qu'on se le dise, en haut comme en bas, et tout le monde s'en trouvera mieux. C'est par là que je termine.

Jean-George.

Laval. — Imprimerie parisienne, L. BARNÉOUD & Cie.